I0476830

Guerilla Marketing
Erfolg durch große Ideen und
kleines Budget?

VON JANNEK BARTZ

STUDIENARBEIT

KARL-FRANZES-UNIVERSITÄT GRAZ

Copyright © 2015 Swopdoc

All rights reserved.

ISBN-13:978-1523389254

ISBN-10:1523389257

Inhalt

1. Einleitung...3

2. Was ist Guerilla Marketing?.......................................5

2.1. Definition und Entstehungsgeschichte........................5

2.2. Begriffserklärungen..9

2.3. Wieso entstand Guerilla?...16

3. Wie funktioniert Guerilla Marketing? 22

3.1. Unterschied zu traditioneller Werbung 22

3.2. Anwendungsbereiche des Guerilla Marketing 24

3.3. Wer hat Mut und steigt um?......................................27

3.4. Strategien und Taktiken...29

4. Die neuen Konsumenten 35

5. Hat Guerilla Marketing Erfolgspotenzial?...........38

5.1. SAX Eis Graz 38

5.2. Die Grünen 42

6. Mögliche Risiken und negative Folgen von Guerilla
    Marketing...45

7. Zusammenfassung 49

8. Literaturverzeichnis 51

8.1. Sekundärliteratur...51

8.2. Internetquellen...52

8.3. Abbildungsverzeichnis..53

1. Einleitung

Diese Arbeit setzt es sich zum Ziel das Thema Guerilla Marketing aus unterschiedlichen Perspektiven zu beleuchten. Zuallererst wird versucht die Geschichte dieser Marketingformen kurz aufzurollen, um besser verstehen zu können, woher die Idee dahinter stammt und wie sich Guerilla Marketing weiterentwickelt hat. Außerdem sollen die Fragen „Was ist Guerilla Marketing?" und „Wieso entstand Guerilla Marketing?" geklärt werden.

Nachdem einige Definitionsmöglichkeiten dem Thema mehr Substanz gegeben haben, soll die Funktionsweise von Guerilla Marketing hinterfragt werden. Dazu ist eine Abgrenzung zu traditioneller Werbung wichtig, um dann einzelne Anwendungsbereiche und Strategien anhand von Beispielen zu illustrieren.

Da ein wichtiger Grund für das vermehrte Aufkommen von Guerilla Marketing der Wandel im heutigen Konsumverhalten ist, sollen im nächsten Kapitel die modernen Konsumenten charakterisiert werden. Eine spezielle Zielgruppe, die „Bobos", wird beschrieben, um zu zeigen, wen Guerilla Marketing oft besonders anspricht.

Die empirische Zielsetzung dieser Arbeit ist es, das Erfolgspotenzial anhand von zwei österreichischen Beispielen zu überprüfen. Dazu werden die Guerilla Marketing Aktion des Unternehmens „SAX Eis" und eine Kampagne der Partei die

„Grünen" analysiert und Interviews mit den zuständigen Personen geführt.

Da sich bei genauer Betrachtung keineswegs nur Vorteile von Guerilla Marketing ergeben, behandelt das letzte Kapitel die Risiken und negativen Folgen, die sich durch die Nutzung ergeben können und führt auch hier einige internationale Beispiele an, um die Gültigkeit der aufgestellten Thesen zu beweisen.

2. Was ist Guerilla Marketing?

2.1. Definition und Entstehungsgeschichte

Wer eine einheitliche und allumfassende Definition für Guerilla Marketing sucht, wird vermutlich daran scheitern. Unzählige Ansätze und Begriffe überschneiden sich, während Guerilla Marketing in diesem Komplex eher als loser Oberbegriff auftritt. Der Gründer der Marketingagentur MAKS in Mönchengladbach, Thomas Patalas, schildert die Problematik folgendermaßen:

> *„Guerilla Marketing ist eine Kombination aus diversen Merkmalen, die für sich alleine die Definitionshürde noch nicht überwinden."* [1]

Dass Guerilla Marketing ein relativ neues Marketinginstrument ist, könnte der Grund für eine noch nicht etablierte Begriffsbestimmung sein. Diese unkonventionelle Art der Werbung wird von den unterschiedlichsten kreativen Köpfen stets neu interpretiert, ausgebaut und weiterentwickelt. Der Urvater und Namensgeber des Guerilla Marketing, Jay Conrad Levinson, definiert Guerilla Marketing als einen unkonventionellen Weg, für den wenig Geld benötigt wird:

> *„It is a body of unconventional ways of pursuing conventional goals. It is a proven method of achieving profits with minimum money."*[2]

---

[1] Thomas Patalas(2006), S. 9.
[2] http://www.gmarketing.com/articles/4-what-is-guerrilla-marketing

Der Begriff Guerilla leitet sich von dem spanischen Wort *la guerra* (Krieg) ab.[3] Entstanden ist der Begriff im Kampf der Spanier gegen Napoleon in den Jahren 1808 bis 1814. Der Diminutiv *guerilla* steht hauptsächlich für den Guerillakrieg, eine spezielle Art der Kriegsführung. 1960 prägte Che Guevara den Begriff der Guerilla-Taktik. Die Idee, Guerilla im übertragenen Sinne für Marketing zu verwenden, wurde erstmals 1965 aufgegriffen. Es wird als eine Art „Anti-Marketing" verstanden, das der Konkurrenz schadet.[4] 1984 erschien das erste Buch über Guerilla Marketing von Jay Conrad Levinson. Das Time Magazine zählt diesen Grundstein für heutige Marketingideen zu „The 25 Most Influential Business Managment Books" und schreibt folgendes:

> *„In the same way that guerilla warfare changed how people*
> *thought about war and conflict, Jay Conrad Levinson's*
> *concept of guerrilla marketing reshaped how small*
> *companies think about promoting themselves.*
> *Before Levinson coined the term in the 1980s, companies often*
> *relied upon huge, expensive marketing endeavors.*
> *Smaller companies struggled to compete on those terms,*
> *so Levinson argued for using brains over brawn."* [5]

In den darauffolgenden Jahren konnte sich Guerilla Marketing weiter etablieren bis die Marketingexperten James Trout und Al Ries erfolgsversprechende Prinzipien für Klein- und Mittelunternehmen entwickelten. Solche Unternehmen sollen sich auf Marktnischen beschränken, die Organisationsstruktur schlank halten

---

[3] Vgl. http://www.duden.de/rechtschreibung/Guerilla_Kampf_Einheit_Truppe
[4] Vgl. Thomas Veres Ruzicka: Guerilla Marketing S. 23
[5] http://www.time.com/time/specials/packages/article/0,28804,2086680_2086683_2087674,00.html

und hohe Flexibilität aufweisen.[6] Der Überraschungseffekt, der schon von Che Guevara im Krieg eingesetzt wurde, kommt in heutigen Guerilla Aktionen immer häufiger zum Einsatz. Außerdem spielen technische Erneuerungen eine große Rolle, zum Beispiel der Einsatz des Internets.[7] Daher erscheinen einige umfangreichere, moderne Definitionen zugänglicher:

> *„Guerilla Marketing ist unkonventionelles Marketing, welches konventionelle Ziele mit einem geringen Budget erreicht. Dabei wird versucht, durch überraschende, originelle, unterhaltsame und oft punktuell eingesetzte Aktionen Aufmerksamkeit zu erzeugen oder einen Konkurrenten zu schwächen."* [8]

Der Werbeblogger Patrick Breitenbach und der Finanzexperte Thorsten Schulte entwickelten im Jahr 2005 ebenfalls eine moderne Definition:

> *„Guerilla-Marketing ist die Kunst, den von Werbung übersättigten Konsumenten, größtmögliche Aufmerksamkeit durch unkonventionelles bzw. originelles Marketing zu entlocken. Dazu ist es notwendig, dass sich der Guerilla-Marketeer möglichst (aber nicht zwingend) außerhalb der klassischen Werbekanäle und Marketing-Traditionen bewegt."* [9]

Zwangsläufig kommt man aber zu dem schon vorweggenommenen Schluss, dass es keine allumfassende Definition gibt. Geringeres Budget, wie es beispielsweise in früheren Definitionen noch unerlässlich war, findet man in der Version von Breitenbach nicht

---

[6] Vgl. http://www.guerilla-marketing-blog.de/info/guerilla-minilexikon.html
[7] Vgl. Thomas Veres Ruzicka: Guerilla Marketing S. 23
[8] Thomas Veres Ruzicka: Guerilla Marketing S. 21
[9] Thomas Schulte: Guerilla Marketing für Unternehmertypen. S.18

mehr, da auch große Unternehmen heutzutage immer mehr auf Guerilla Marketing setzen.

Es bleibt noch zu sagen, dass Guerilla Marketing keineswegs klassisches Lehrbuchmarketing ersetzt. Klassisches Marketing ist sehr komplex und erfordert viel spezifisches Verständnis. Guerilla Marketing kann vereinfachen und bietet somit eine Alternative. Es benötigt keinen Marketingspezialisten, sondern einen kreativen Freidenker, um erfolgreiche Guerilla Marketing Aktionen durchzuführen.[10]

Das Guerilla Marketing Portal beantwortete die Frage „Was ist Guerilla Marketing?" aufgrund der zahlreichen unterschiedlichen Definitionsversuche auf andere Art und Weise. Gesucht wurde eine Reihe an Merkmalen, die in den meisten Fällen mit Guerilla Marketing verknüpft werden. Daraus ergab sich folgende Liste in Abbildung 1: [11]

Abb. 1: Merkmale von Guerilla Marekting. Eigene Darstellung

---

[10] Vgl. Ebda
[11] Vgl. http://www.guerilla-marketing-portal.de/doks/pdf/GMP_Was-ist-Guerilla-Marketing_03-2007.pdf [5.4.2013]

2.2. Begriffserklärungen

Wenn von unkonventioneller Werbung gesprochen wird, gibt es unzählige unterschiedliche Begriffe, die damit in Zusammenhang gebracht werden können. Mit diesen Begriffen kann oft auch eine Realisierungsform von Guerilla Marketing gemeint sein.

Affiliate Marketing ist ein Vertriebskonzept über das Internet. Zwischen dem Produktanbieter und dem Käufer tritt noch ein Vermittler auf (der Affiliate), der das Produkt des Anbieters auf seiner Webseite anbietet. Er erhält bei dem Verkauf des Produktes eine Provision vom Produktanbieter. Dadurch ergibt sich eine „win-win" Partnerschaft. Der Effekt dieses Konzepts ist sowohl eine erhöhte Reichweite, da auf mehreren Webseiten angeboten werden kann, als auch eine breitere Zielgruppe durch die thematisch vielfältigen Webseiten. [12]

Ambient Media beschreibt zunächst eine nicht klassische aber geplante Form der Außenwerbung (Out-of-Home Bereich). Eine direkte Zielgruppe wird in ihrem jeweiligen Lebensumfeld angesprochen. Oft werden ungewöhnliche Gegenstände wie Mistkübel, Haltegriffe, Urinale, Rolltreppen etc. für die Kampagne verwendet. Ambient Media kann auch als Street Art realisiert werden. Ein Überraschungseffekt gehört oft dazu, um genügend Aufmerksamkeit zu erzeugen. Es folgen einige Beispiel in Abbildung 2 bis 5.

---

[12] Vgl. http://www.marketinglexikon.ch/terms/6 [8.4.2013]

Abb. 2: Oldtimer   Abb. 3: Nike

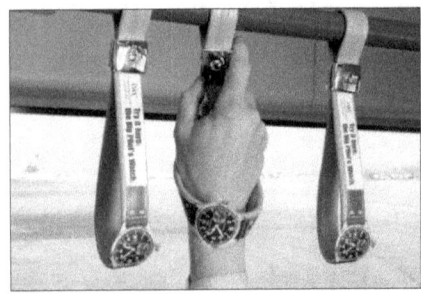

Abb. 4: IWC Watch   Abb. 5: KitKat

Ein großer Vorteil dieser Werbeform ist, dass sie meist nicht als Störung empfunden wird, sondern als Unterhaltung (Advertainment). Außerdem weist sie eine hohe Rezeptionsdauer auf und kann eine klassische Werbekampagne gut ergänzen. Untersuchungen bewiesen, dass der Erinnerungswert bei Ambient Media deutlich höher ist als bei einer klassischen Werbung.[13]

Ambush Marketing leitet sich vom englischen Wort für Hinterhalt ab und basiert darauf, von einer Veranstaltung zu profitieren, die man selbst nicht sponsert. Das eigene Produkt wird im Rahmen einer Großveranstaltung (zum Beispiel bei einem Sportevents) präsentiert. Gleichzeitig kann auch eine Schwächung des offiziellen Sponsors erzielt werden. Der größte Vorteil von Ambush Marketing ist zweifellos der Kostenaspekt. Abbildung 6 zeigt eine solche Werbeaktion.

Abb. 6: Usain Bolt 2008

Eine kreative Ambush Marketing Idee kann sogar um einiges effektiver sein als ein teuer finanziertes Sponsoring, das schlecht präsentiert wird. Das folgende Beispiel zeigt eine Ambush Marketing Aktion bei der Rugby Weltmeisterschaft, die enorm viel Aufsehen erregte. Es versteht sich von selbst, dass offizielle Sponsoren, die mehrere Millionen investieren, nicht erfreut über so eine „Störung" sind. In Neuseeland wurden nach diesem Vorfall daher

---

[13] Vgl. Thomas Veres Ruzicka: Guerilla Marketing S. 34ff.

sogar neue Gesetze erlassen, die diese Art der Werbung bei Rugbyspielen verbieten und eine Strafe von bis zu 150,000 $ vorsehen.[14]

Below-the-line-Marketing ist ein anderer Ausdruck für unkonventionelle Marketingstrategien. Die Merkmale von Below-the-line-Marketing sind unter anderem ihr Neuigkeitsgrad, ihre Abweichung von der Norm und ihr Überraschungswert. Meistens sind der Werbezweck und die Beeinflussung dadurch nicht so offensichtlich wie bei klassischen Werbungen.[15]

Buzz Marketing ist wesentlich durch Mund-zu-Mund Propaganda geprägt. Ein faszinierendes Ereignis kann diese auslösen und so agiert der Kunde selbst als Verbreiter des Produkts oder der Marke. Buzz Marketing gilt als authentische Werbeform, da sie nicht vom Unternehmer inszeniert wird.[16]

Campaign Hijacking wird als Missbrauch anderer Marketingaktionen bezeichnet. Dies kann am Besten am folgenden Beispiel dargestellt werden: Hubba Bubba missbrauchte 2007 sämtliche andere Werbeplakate und klebte den Models eine Kaugummiblase auf den Mund. Der Slogan von Triumph „Sitzt, passt, raubt Männern die Luft." fügt sich noch dazu perfekt ein. (siehe Abbildung 7)

---

[14] Vgl. http://signword.wordpress.com/page/3/
[15] Vgl. http://www.marketinglexikon.ch/terms/963
[16] Vgl. http://www.marketinglexikon.ch/terms/847

Abb. 7: Hubba Bubba

Guerilla Advertising ist die Verbindung aus klassischer Werbung und Guerilla Marketing. In konventionellen Werbespots können zum Beispiel versteckte Botschaften enthalten sein, die nur eine bestimmte Gruppe der Zuseher versteht. Die japanische Automarke Subaru strahlte einen TV-Spot aus, bei dem Autos mit dem Nummernschild „XENA LVR" gezeigt wurden. Dies spielt auf eine Figur aus einer Fernsehserie an, die als Idol für Homosexuelle gilt – Xena the Warrior Princess. Die Botschaft stieß auf positives Feedback von einigen Homosexuellen, der Rest der Zuseher nahm diese Anspielung gar nicht wahr. [17]

Guerilla Attacks sind kleine, gezielte Angriffe auf die Konkurrenz. Damit können Preisnachlässe und intensive, regionale Promotion gemeint sein aber auch Aktionen bei denen Nachteile der Gegner in eigene Vorteile umgewandelt werden.

---

[17] Vgl. http://community.seattletimes.nwsource.com/archive/?date=20000730& slug=4034278

Guerilla Distribution bezeichnet unkonventionelles Vertriebsmarketing. Ein Beispiel aus Österreich bietet hierzu die Österreichische Post AG. Diese lieferte die neu erschienenen Harry-Potter-Bücher mitten in der Nacht und das sogar portofrei, was sehr viel Aufsehen erregte.[18]

Guerilla Pricing ist die strategische Entscheidung über Preise einer Marketingabteilung. Media Markt warb 2004 (Abbildung 8) kurz vor der Fußball-Europameisterschaft damit, den Preis für Fernseher, die am 1. Juni bei gekauft wurden, zurück-zuzahlen, wenn Deutschland Europameister wird. Viele Konsumenten nutzten diese Gelegenheit, obwohl ein Sieg der Deutschen als sehr unwahrscheinlich galt. [19]

Abb. 8: Media Markt 2004

---

[18] Vgl. Thomas Veres Ruzicka: Guerilla Marketing S. 46ff.
[19] Vgl. http://www.spiegel.de/sport/fussball/lockangebot-media-markt-wettet-gegen-rudi-voeller-a-302252.html

Sensation Marketing versucht den Kunden durch eine Sensation für sich zu gewinnen (Abbildung 9 und 10). Oft handelt es sich um kostspielige und sehr aufwändige Aktionen. Ein großes Marketingbudget ist für Unternehmen, die Sensation Marketing anwenden wollen, von Vorteil. Ähnlich wie Ambient Media werden solche Werbungen selten als Störung betrachtet, sondern im besten Fall sogar als richtiges Erlebnis wahrgenommen. [20]

Abb. 9: Lego

Abb. 10: Panasonic

---

[20] Vgl. Thomas Veres Ruzicka: Guerilla Marketing S. 59

Virales Marketing ist ein Konzept, das Kunden animieren soll Werbung über Produkte oder Dienstleistungen in elektronischer Form selbst weiter zu verbreiten. Virales Marketing baut daher sehr stark auf Mundpropaganda auf. Die Botschaft soll sich wie ein Virus verbreiten. Das Ziel dahinter ist eine exponentielle Verbreitung der Werbung. Im Unterschied zu Buzz Marketing funktioniert Virales Marketing allerdings über E-Mails, Webseiten, Blogs, Foren, Chat-Rooms, SMS und andere soziale Netzwerke.[21]

2.3. Wieso entstand Guerilla?

Es ist unumstritten, dass Guerilla Marketing Aktionen von der Masse in den meisten Fällen positiv aufgenommen werden. Es ist ansprechender gestaltet als klassisches Marketing, oft humorvoll oder sogar spannend. Dennoch soll den Fragen „Wieso existiert Guerilla Marketing?" und „Aus welchem Grund ist Guerilla Marketing anfangs entstanden?" Beachtung geschenkt werden.

Bei Fernsehsendungen entscheiden wir uns nach spätestens 30 Sekunden, ob wir zum nächsten Kanal wechseln. Ein TV-Werbespot hat eine noch geringere Chance und wird bereits nach 5 Sekunden abgedreht, wenn er nicht überzeugt. [22]

Dieses Beispiel spiegelt unser aller Konsumverhalten wider. Das Hauptproblem der heutigen Wirtschaft ist die Überkapazität in den meisten Branchen. Produkte gibt es im Überschuss, die potenzielle Kunden hingegen sind rar. Somit entsteht ein harter Wett-

---

[21] Vgl. http://wirtschaftslexikon.gabler.de/Definition/viral-marketing.html [9.4.2013]
[22] Vgl. Anja Förster, Peter Kreuz: Marketing Trends. S. 13

bewerb, nicht zuletzt dadurch, dass unzählige Unternehmen sehr ähnliche (oder kaum zu unterscheidende) Produkte und Dienstleistungen anbieten. So komplex klassisches Marketing auch ist, es reicht nicht mehr aus, um in diesem harten Kampf zu überleben. Der Markt ändert sich ununterbrochen durch neue Konkurrenz, Kundenumorientierung, neue Vertriebswege und neue Kommunikationskanäle.

Durch neue Technologien wie Internet, E-Mail, Smartphone etc. ist es nötig geworden, aktives und vor allem emotionales Marketing zu betreiben.

Die Marketingexperten, James Gilmore und Joseph Pine, sind der Meinung, dass neue Wege eingeschlagen werden müssen, um den gelangweilten Konsumenten, der mit Werbung überschüttet wird, zu beeindrucken:

> *„Menschen werden immun gegenüber Botschaften,*
> *die von außen auf sie zielen. Um heute Menschen*
> *zu erreichen, müssen Erlebnisse in ihnen*
> *geschaffen werden."*[23]

Der Kunde ist heutzutage anspruchsvoller als früher, die Erwartungen sind höher als je zuvor. Eine Studie der Gesellschaft für Konsumforschung beschreibt dieses Phänomen folgendermaßen:

> *„Konsumenten möchten am liebsten von Menschen*
> *bedient werden, die aber möglichst so schnell wie ein Com-*
> *puter sein sollten. Gleichzeitig möchte man sich persönlich*
> *behandelt fühlen, der Verkäufer sollte aber*
> *am besten nichts über einen wissen."*[24]

---

[23] Anja Förster, Peter Kreuz: Marketing Trends. S. 9
[24] Anja Förster, Peter Kreuz: Marketing Trends. S. 9

Eine große Auswahl an parallel existierenden Produkten und Dienstleistungen steht dem Kunden zur Verfügung. Als wäre das für ein Unternehmen noch nicht kompliziert genug, fühlt er sich von der ständigen Werbung übersättigt und oft belästigt. Wie kann es einem Klein- bzw. Mittelunternehmen da überhaupt noch gelingen durchzudringen?

Guerilla Marketing liefert kein Allheilmittel gegen die heutigen Hürden der Konsumgesellschaft, dennoch bietet es oft eine attraktive Alternative oder Ergänzung zum klassischen Marketing.

Der erste Schritt einer funktionierenden Werbung ist es, die Aufmerksamkeit des Konsumenten auf sich zu ziehen. Wenn man bedenkt wie viele Werbebotschaften durchschnittlich am Tag auf einen Menschen einprasseln, wird klar, dass dies keine leichte Herausforderung ist.

Guerilla Marketing kann Aufmerksamkeit aber durch Innovation, Überraschungseffekt und Kreativität erreichen. Strategien können zusätzlich eingesetzt werden, um das Marketing wirkungsvoller und vor allem spannender zu gestalten. Außerdem erreicht das Unternehmen so einen der wichtigsten Punkte: die Abgrenzung zum Mitbewerber. Gezielt geplante Aktionen können so weitaus mehr Erfolge erzielen als breit gestreutes klassisches Marketing. Klein- und Mittelunternehmen begannen schon früh Guerilla Marketing einzusetzen, da Kreativität oft ein kleines Marketingbudget kompensieren kann. Dies erklärt auch, warum viele NPOs, wie beispielsweise Amnesty International, WWF und Greenpeace, sich dafür entscheiden. So ist es möglich durch oft sehr kritische Kampagnen viel Aufmerksamkeit zu erzeugen, ohne einen Großteil der Spendengelder dafür aufopfern zu müssen.

Eine Guerilla Marketing Aktion von Greenpeace in Abbildung 11 richtete sich gegen die Klimaerwärmung. Ein sehr großes Plakat wurde über den Eiffelturm in Paris gehängt – ein weiteres Beispiel für Sensation Marketing.

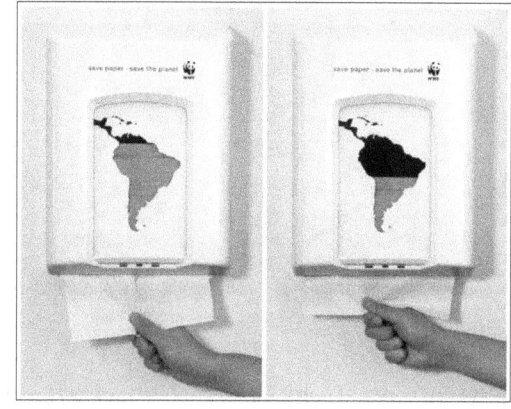

Abb. 11: Greenpeace   Abb. 12: WWF

Auch der WWF setzt auf außergewöhnliche Kampagnen, um gegen die Abholzung des Regenwalds zu protestieren (siehe Abbildung 12).

Nicht zuletzt gibt es einen weiteren Grund auf Guerilla Marketing zurückzugreifen. Unternehmen, die mit Werbeverboten belastet sind, haben so nämlich dennoch die Chance rechtliche Grauzonen auszunützen. Oft gibt es für ungewöhnliche Werbekampagnen nämlich kein genau zutreffendes Verbot. Alkohol- und Tabakindustrie sind Beispiele für solche Unternehmen. [25]

Der schwedische Vodkahersteller Absolut Vodka ist bekannt für solch unkonventionelle Werbung. In Abbildung 13 ist ein Bilder der „In an absolut world"-Kampagne in Las Vegas zu sehen.

Abb. 13: Vodka

Durch den technischen Fortschritt in den letzten Jahrzehnten übernimmt Guerilla Marketing auch einen wichtigen Part bei sozialen Netzwerken, Blogs und Mobiltelefonen.

Facebook, Twitter und Co. eignen sich perfekt dazu unkonventionelles Marketing zu betreiben, wenn man die richtige Verwendung beherrscht. Die Verbreitung von Werbung über das Internet ist ein unaufhaltsamer Prozess und dadurch verbreitet sich auch Guerilla Marketing immer mehr. Esther Dyson, eine US-amerikanische Journalistin für Informationstechnik, erkannte das Potenzial des Internet für die Marketingbranche:

---

[25] Vgl. Thomas Veres Ruzicka: Guerilla Marketing S. 37

*„Das Internet ist viel mehr als ein neuer Vertriebskanal oder
ein neues Werbemedium. Es ist ein Werkzeug,
mit dem Sie alles erneuern können: wie Sie Geschäfte
betreiben, wie Sie Aufträge abwickeln und wie Sie
Ihren Kunden Werte anbieten.“*[26]

Durch intelligent gestaltete Übertragungstechnologien kann mehr Kundennähe erzeugt werden und die Werbebotschaft kann auf sehr persönliche Weise vermittelt werden. Dies machen Applikationen für Smartphones oder benutzerdefinierte Werbungen möglich. Da auch mobiles Marketing von ununterbrochenem Wachstum geprägt ist, kann und muss Guerilla Marketing in diesem Sektor gemeinsam mit ihm wachsen und fortlaufend neue Möglichkeiten für die Unternehmer bieten.

---

[26] Philip Kotler: Marketing der Zukunft. S. 19

3. Wie funktioniert Guerilla Marketing?

Da eine wahre Inflation an Marketingbegriffen existiert, die als Guerilla Marketing betrachtet werden können, ist klar, wie viele unterschiedliche Ausprägungen existieren. Je nachdem welche Rolle Guerilla Marketing also einnimmt (Ambush Marketing, Buzz Marketing, Sensation Marketing etc.), wird eine zugeschnittene Strategie oder Taktik benötigt, damit die Aktion gelingen kann. Dieses Kapitel soll einerseits darstellen, wie Guerilla Marketing funktioniert und welche Motivationsgründe es andererseits für die Verwendung von Guerilla Marketing gibt.

3.1. Unterschied zu traditioneller Werbung

Guerilla Marketing versucht das gleiche Ziel zu erreichen wie klassisches Marketing: Dem Kunden im Gedächtnis zu bleiben und ihn zum Konsum zu bewegen. Doch verwendet Guerilla Marketing andere Mittel, um an dieses Ziel zu kommen. Im Gegensatz zu klassischem Marketing steht nicht das Budget an oberster Stelle, sondern andere Faktoren wie Zeit und Energie für die Planung und Kreativität. Außerdem werden klassische Werbekampagnen nicht für das Individuum geplant. Sie sind oft sehr teuer und dennoch nicht zielgerichtet, was hohe Streuverluste ergeben kann. Guerilla Marketing ist stärker an einzelnen Nischen orientiert und hat weniger die Intention die Masse zu erreichen.[27]

---

[27] Vgl. Thomas Veres Ruzicka: Guerilla Marketing S. 26f.

In anderen Worten ausgedrückt:

*„Mit wenigen Pfeilen zu treffen ist anspruchsvoller, als
aus vollen Rohren auf ein Ziel zu schießen."*[28]

Die Zielgruppe wird persönlich angesprochen und verbreitet die erlebte Werbung oft mittels Mundpropaganda weiter. Grundsätzlich sind groß aufgezogene Guerilla Marketing Aktionen eher eine einmalige Sache, die in derselben Region auf diese Weise nicht noch einmal funktionieren.

Das liegt daran, dass meist auf den Überraschungseffekt und den Sensationswert gesetzt wird. Eine klassische Werbung ist meistens langlebiger, aber weist unter anderem genau aus diesem Grund oft nicht so eine hohe Effektivität auf. Der größte Pluspunkt für Guerilla Marketing und gleichzeitig der größte Unterschied zu klassischem Marketing ist vermutlich die Aufnahmeart der Konsumenten. Guerilla Marketing wird häufig als nicht so abgestumpft wahrgenommen, sondern als Werbung, die Spaß macht und Lebensfreude vermittelt.[29]

---

[28] http://www.marketingwerkstatt.com/etc/fach/guerillamarketing.html [12.4.2013]
[29] Vgl. Thomas Veres Ruzicka: Guerilla Marketing S. 26f.

3.2. Anwendungsbereiche des Guerilla Marketing

Jede Branche und jedes Unternehmen ist unterschiedlich. Guerilla Marketing bietet den Vorteil, dass es genau auf die Bedürfnisse des jeweiligen Unternehmens zugeschnitten werden kann. Jeder kann aus Guerilla Marketing einen positiven Nutzen ziehen, wenn die richtigen Aspekte in den Vordergrund gerückt werden.

Eine Einteilung der wichtigsten Guerilla Marketing Waffen macht Sinn, da Unternehmen so besser herausfinden können, welcher Guerilla Marketing Mix am Besten geeignet erscheint.

Abb. 14: Guerilla Marketing Kategorien – Eigene Darstellung

Diese grobe Einteilung in vier Kategorien in Abbildung 14 soll einen Orientierungsleitfaden darstellen, welche Guerilla Marketing Form am ehesten zu einem Unternehmen passt. Gleichzeitig wird hier immer wieder auf einzelne Ausprägungen der Kategorien verwiesen, die unter 2.2 erklärt wurden.

1. **Low Budget Guerilla Marketing** eignet sich am besten für klein- und mittelständische Unternehmen. Da durch innovative Ideen ein anderer Zugang zum Kunden geschaffen werden kann, können die Werbeausgaben oft reduziert werden. Low Budget Marketing nutzt durch gezielte Beobachtung oft die Schwächen der großen Konkurrenten aus oder verwendet beispielsweise Campaign Hijacking. [30]

2. **Mobile Guerilla Marketing** verwendet drahtlose Telekommunikation und mobile Endgeräte. Der Kunde kann durch verschiedene Angebote direkt erreicht werden:
   - Spiele, Lieder und Videos (digitale Inhalte)
   - News, Podcasts und Produktinformationen (zielgruppen-relevante Informationen)
   - Shopping, Zahlungen (Transaktionen) [31]

   Zu Mobile Guerilla Marketing kann vor allem Buzz Marketing und Virales Marketing gezählt werden, wobei letzteres meistens eher dem **Online Guerilla Marketing** zugeordnet wird.

3. **Klassisches Guerilla Marketing** beschäftigt sich vor allem mit Kommunikations-instrumenten wie Außenwerbung (zB.: Ambient Media), Sponsoring und Event-marketing (zB.: Ambush Marketing und Sensation Marketing). Klassisches Guerilla Marketing ist meist mit **Offline Guerilla Marketing** gleichzusetzen, da es im Out-of-Home Bereich stattfindet und nicht im digitalen Bereich.

---

[30] Vgl. Thomas Schulte: Guerilla Marketing für Unternehmertypen. S.36f.
[31] Vgl. Andreas Scharf, Bernd Schubert, Patrick Hehn: Marketing. S. 409

4. **Strategisches Guerilla Marketing** beinhaltet alle Überlegungen abseits der Kommunikation. Preis, Produkt und Distribution stehen im Vordergrund. Daher können für Strategisches Guerilla Marketing die folgenden Waffen gezielt zum Einsatz kommen: Guerilla Prizing, Guerilla Distributing oder Affiliate Marketing.[32]

Betrachtet man Guerilla Marketing allerdings im Ganzen, kommt man zu dem Schluss, dass hauptsächlich die Kommunikationsebene bedient wird. Der Marketing-Mix besteht allerdings aus Kommunikation, Preis, Produkt und Distribution und ist somit das Ergebnis des Zusammenspiels dieser Einzelmaßnahmen.[33]

Guerilla Marketing kann zwar durch alle Bereiche des Marketing-Mix beeinflusst werden, in etwa 70 % aller Guerilla Marketing Aktion wird aber die Kommunikationsebene bedient. Die restlichen drei Komponenten (Preis, Produkt und Distribution) kommen auf jeweils zirka 10 %. Dies führt dazu, dass Guerilla Marketing meist als eigenständiger Kommunikationskanal betrachtet wird. Es wird somit als Ausprägung der Kundenkommunikation verstanden, die neben anderen klassischen Kommunikationsmethoden existiert. Schulte verweist in seinem Buch aber auch auf eine andere Sichtweise: Guerilla Marketing Kommunikation muss nicht unbedingt ein eigenständiger Kanal sein, sondern kann wie eine Art Katalysator wirken. Durch kreative Ideen verstärkt es so die Wirkung der klassischen Kommunikationsmethoden. Eine klassische Online-Marketing-Kampagne kann beispielsweise

---

[32] Vgl. Thomas Schulte: Guerilla Marketing für Unternehmertypen. S.37
[33] Vgl. Andreas Scharf, Bernd Schubert, Patrick Hehn: Marketing. S. 40

durch Virales Marketing ergänzt werden und so die Effektivität stark erhöhen.[34]

3.3. Wer hat Mut und steigt um?

Grundsätzlich spricht aus der Sicht eines Kleinunternehmers viel für Guerilla Marketing, da Ideen hier wichtiger sind als das verfügbare Marketingbudget. Doch muss auch mit bedacht werden, dass große Unternehmen nicht vorhersehbare Verluste durch gescheiterte Aktionen leichter verkraften können. Natürlich kann eine Guerilla Marketing Kampagne sehr erfolgversprechend sein, dennoch kann sie auch nach hinten losgehen. Wer sich dazu entschließt Guerilla Marketing zu verwenden, muss daher mit einer gehörigen Portion Mut ausgestattet und bereit sein ein gewisses Risiko einzugehen.

Wer auf altbewährte Konzepte setzt, die schon seit Jahrzehnten angewendet werden und die Konkurrenz aufmerksam beobachtet, bewegt sich zwar auf der sicheren Seite, wird aber selten für eine positive Überraschung bei seinem Kunden sorgen. Gründe für eine Veränderung gibt es genügend:

Szenario Eins: Das angebotene Produkt oder die Dienstleistung ist schon längere Zeit am Markt und im schlechtesten Fall von Mitbewerbern überholt. Eine Zielgruppenausweitung und Zielgruppenänderung kann helfen, das Unternehmen wieder erfolgreicher zu positionieren und von der Konkurrenz abzuheben. Die Baumarktkette Bauhaus entdeckte Frauen als neue Zielgruppe der

---

[34] Vgl. Thomas Schulte: Guerilla Marketing für Unternehmertypen. S.31

Zukunft und investierte daher in kostenlose Heimwerkerkurse, die speziell an die Bedürfnisse der selbstständigen Frau angepasst sind (Abbildung 15).

Abb. 15: Bauhaus

Szenario Zwei: Existiert für ein Produkt oder eine Dienstleistung nicht mehr die entsprechende Nachfrage, ist möglicherweise eine Umstellung auf ein neues Produkt von Vorteil. Nicht immer ist es strategisch sinnvoll ein überholtes Produkt weiter zu finanzieren. Das wertvollste Gut eines Unternehmens sind allerdings die gewonnenen Kunden. Bei einer Umstrukturierung kann die Zielgruppe beibehalten werden, indem man den Kundenstamm von der neuen Idee mit gut durchdachten Marketingideen überzeugt, überrascht und beeindruckt.

Szenario Drei: Das Produkt und die Zielgruppe müssen eine Veränderung durchlaufen.[35]

---

[35] Vgl. Thomas Veres Ruzicka: Guerilla Marketing S. 28ff.

3.4. Strategien und Taktiken

Ein einheitliches Erfolgsrezept wie und wann Guerilla Marketing in der Praxis funktionieren kann, existiert selbstverständlich nicht. Dies wäre gar nicht denkbar, da Guerilla Marketing so viele unterschiedliche Formen und Ausprägungen annehmen kann und es letztlich immer davon abhängt, was Unternehmen aus ihren Marketingstrategien machen.

Hinzu kommt, dass sich Guerilla Marketing über Jahrzehnte hinweg verändert hat und weiter verändern wird, da der Markt nie stagniert, sondern einer ständigen Weiterentwicklung unterzogen ist. Dies illustrieren auch die hier angeführten Denkansätze einiger Experten, die sich mit Guerilla Marketing auseinandersetzten.

Guerilla-Gründer Jay Conrad Levinson

Wer das Guerilla Marketing Handbuch von Levinson heutzutage in den Händen hält, der sieht anhand dieses Beispiels wie sich die Marketingbranche weiterentwickelt. Von wirklich spektakulären Werbungen und gewitzten Kommunikationsmodellen war damals noch nicht die Rede. Dennoch stellen die dargestellten Denkansätze die Basis für das heutige Guerilla Marketing dar. Kernelement ist der Sieben-Stufen-Marketingplan, den ein Unternehmen aufzustellen hat. [36]

---

[36] Vgl. Jay Conrad Levinson, Seth Godin: Das Guerilla Marketing Handbuch. S. 11

Hauptprinzipien nach Al Ries und Jack Trout

Die amerikanischen Marketingexperten Al Ries und Jack Trout, formulierten 1986 die drei Hauptprinzipien des erfolgreichen Guerilla Marketing für kleine und mittelständische Unternehmen (Abbildung 15).

1. Marktnischen finden und verteidigen	2. Schlanke Organisationsstruktur	3. Hohe Flexibilität

Abb. 16: Hauptprinzipien Guerilla Marketing - Eigene Darstellung

1. Marktnischen finden und verteidigen: Eine Marktnische ist von größeren Konkurrenten entweder gar nicht oder nicht sehr stark belegt, da diese nicht über die benötigten Kompetenzen verfügen, um den Markt abzudecken. [37] Ein kleines Unternehmen kann sich allerdings auf einen einzelnen Aspekt beschränken und sich auf diesen spezialisieren.

2. Schlanke Organisationsstruktur: Die Organisationsstruktur des Unternehmens (unter anderem Arbeitsteilung, Kompetenzen und Verantwortung, Produktion, Geldtheorie) muss schlank gehalten werden. So können Kosten gespart werden und das Unternehmen kann schneller auf Veränderungen am Markt reagieren. Eine zu große Verwaltungsabteilung wirkt sich negativ auf die Organisationsstruktur aus und sollte vor allem bei kleinen Unternehmen vermieden werden.

---

[37] Vgl. Andreas Scharf, Bernd Schubert, Patrick Hehn: Marketing. S. 221

3. Hohe Flexibilität: Unternehmen, die Guerilla Marketing anwenden, müssen rasch und unkompliziert agieren können. Dieser Wesenszug fand sich schon in der Kampftaktik Che Guevaras. Wenn ein Teilbereich sich als nicht rentabel herausstellt, ist man besser damit beraten ihn schnell aufzugeben und sich anderen Bereichen zu widmen. [38]

„Ein Guerillakämpfer verfügt nicht über ausreichende Energiereserven, die er in eine verlorene Sache investieren könnte. Er sollte schnell aufgeben und weiter vorwärts marschieren können. Lieber mehrfach feige, als einmal tot! Genau dann zahlt sich der Vorteil von Flexibilität und einer schlanken Organisation wirklich aus." [39]

Strategische Ansätze nach Schulte

1. Differenzierung anstreben: Wer nicht bloß durch den Preis verglichen werden will, der muss sich von der Konkurrenz auch durch andere Kriterien unterscheiden. Guerilla Marketing bedeutet den Markt zu verändern und nicht auf die Veränderung zu warten und dann mitzumachen.

2. Konjunkturen ausnützen: In der Wirtschaft kommt es immer wieder zu Tiefphasen, in denen Unternehmen dazu neigen das Marketingbudget zu kürzen, da dies ein Bereich ist in dem eingespart werden kann. Für Verwender von Guerilla Marke-

---

[38] Vgl. Thomas Schulte: Guerilla Marketing für Unternehmertypen. S.24f.
[39] Thomas Schulte: Guerilla Marketing für Unternehmertypen. S.25

ting erweist sich aber gerade eine solche Phase als Chance. Für eine neue Expansion sind Innovationen essentiell und Querdenker daher gefragt. Gleichzeitig kann die schwache Präsenz der Konkurrenz ausgenützt werden um sich selbst einen Vorteil zu verschaffen.

3. Das David-gegen-Goliath-Prinzip: Einige kleine Guerilla Unternehmen schaffen es immer wieder sich gegen ihre große Konkurrenz zu behaupten.[40] So startete Coca Cola schon mehrfach Versuche den Energy-Drink-Markt zu beeinflussen (beispielsweise mit dem Energy Drink Burn), konnte Red Bull aber noch nie auch nur ansatzweise Konkurrenz machen.[41]

4. Networking in einer globalisierten Welt: Ein gut funktionierendes Netzwerk ist heute essentiell für ein Unternehmen. Kooperationen können die Vorteile des Individuums ausnützen und so gemeinsame Ziele verfolgen.

5. Kundenbeziehung: Der Kontakt zu schon bestehenden Kunden muss auf persönlicher Ebene gepflegt werden. Außerdem müssen gleichzeitig neue Kunden gewonnen werden. Da Produkte vermehrt gemeinsam mit dem Kunden auf ihn zugeschnitten werden, ist ein funktionierender Dialog sehr wichtig. Eigens errichtete Foren, Chatrooms oder Blogs können sich als sehr hilfreich erweisen.

---

[40] Vgl. Thomas Schulte: Guerilla Marketing für Unternehmertypen. S.98ff.
[41] Vgl.
http://wirtschaftsblatt.at/home/nachrichten/oesterreich/1272799/Naechster-EnergyVersuch-von-CocaCola-gegen-Red-Bull

6. Genial ist einfach: Das KISS (keep it small and simple) Prinzip gilt für Schulte auch bei Guerilla Marketing. Der Kunde handelt nicht nach komplexen Regeln der Marketingtheorie, sondern meist einfach und intuitiv. Daher kommt eine simple Werbebotschaft oft besser an als ein kompliziertes Konzept eines Profis. [42]

> *„Große Ideen sind fast immer in schlichte Worte gekleidet. In unserem Informations- und Kommunikationszeitalter ist der Kunde sowieso schon mit Information überflutet. Wir müssen den Kunden aus dem Infodschungel helfen und ihm eine klare Orientierung geben."*[43]

---

[42] Vgl. Thomas Schulte: Guerilla Marketing für Unternehmertypen. S.106ff.
[43] Thomas Schulte: Guerilla Marketing für Unternehmertypen. S.108

Weitere Dimensionen nach Ruzicka

1. Trendscouting – Die Suche nach neuen Trends: Die Zukunft ist auch für Unternehmer nicht planbar, weshalb eine schlanke Organisationsstruktur und Flexibilität (siehe Ries / Trout) ein großer Vorteil sind. Auf künftige Konsumententrends kann so schneller eingegangen werden.

2. Kreativität als unumgänglicher Punkt: Ohne Kreativität kann keine Guerilla Idee entstehen. Man unterscheidet unterschiedliche Ausprägungen der Kreativität:

kreatives Denken	kreative Person
Dominierende Denkwege erkennen Neue Wege suchen Rational-logisches Denken lockern Bewusstes Verwenden von Zufällen	offene Haltung zur Umwelt flexibel begeisterungsfähig widersprüchlich
kreativer Prozess	kreatives Produkt
Risikobereitschaft Ideenvielfalt Unabhängigkeit Fantasie	Neuheit Bedeutung Ausarbeitung

Abb. 17: Dimensionen nach Ruzicka – Eigene Darstellung

4. Die neuen Konsumenten

Konsumentenverhalten der Zukunft

„Kunden haben zwei Arten von Bedürfnissen:
Vorhandene Bedürfnisse und latente Bedürfnisse.
Vorhandene Bedürfnisse sind jene, welche
die Kunden bereits artikulieren.
Latente Bedürfnisse dagegen können sie noch
nicht ausdrücken, oder sie glauben, dass sie
ohnehin nicht befriedigt werden."[44]

Das Ziel eines Unternehmens sollte daher sein, dem Kunden die latenten Bedürfnisse in Form von Produkten oder Dienstleistungen anzubieten, und im besten Fall die Konkurrenz auszustechen. Das Angebot ist allerdings so groß, dass alte Marketingstrategien oft nicht mehr funktionieren. Von Kriegen und Weltwirtschaftskrisen der älteren Generationen sind junge Menschen heute kaum noch beeinflusst. Sie haben daher keinen Anlass, riesige Herstellermonopole zu nutzen, wenn diese nicht ansprechend gestaltet sind. Der klassische Konsument tendierte eher dazu bequeme Wege zu gehen und brachte den Massenverbrauch so kaum in Gefahr. Der neue Verbraucher kann nach Lewis und Bridger allerdings als individualistisch, aktiv, emotional, unabhängig und informiert charakterisiert werden.

---

[44] Philip Kotler: Marketing der Zukunft. S. 71

Zeit: Die neuen Konsumenten sind von Zeitknappheit geprägt. E-Commerce spielt daher seit einigen Jahren eine große Rolle, da sich das Konsumentenverhalten stark verändert hat. Im Internet kann der Einkauf zu jeder Uhrzeit und noch dazu ohne große Anstrengung getätigt werden.

Aufmerksamkeit: Da die heutige Gesellschaft von Informationen überall überflutet wird, kann eine Werbebotschaft nur dann funktionieren, wenn sie sofort verstanden wird und im Gedächtnis bleibt. Die Werbung orientiert sich daher immer mehr an Bildern und seltener an Sprache, da diese schneller aufgenommen werden können.

Authentizität und Vertrauen: Der neue Konsument wünscht sich ein Unternehmen, das glaubwürdig und authentisch auftritt. Daher hinterfragt er mehr als der klassische Konsument und hat höhere Anforderungen an das Produkt oder die Dienstleistung.

Individualität: Die neuen Konsumenten sind oft detailverliebt und achten auf kleine Unterschiede. Authentizität und Exklusivität sind zwei wichtige Kriterien für die Entscheidungen, die der Konsument trifft.[45]

So sagt der Soziologe John Clammer über die moderne Konsumgesellschaft:

> *„Einkaufen bedeutet mehr als nur Dinge erwerben;*
> *man kauft sich seine Identität."* [46]

---

[45] Vgl. David Lewis, Darren Bridger: Die neuen Konsumenten. S. 20ff.
[46] David Lewis, Darren Bridger: Die neuen Konsumenten. S. 28.

Zielgruppe des Guerilla Marketing: „Bobos"

David Brooks, ein kanadischer Journalist, prägte den Begriff „Bobos":

> *These are highly educated folk who have one foot in the bohemian world of creativity and another foot in the bourgeois realm of ambition and worldly success. The members of the new information age elite are bourgeois bohemians. Or, to take the first two letters of each word, they are Bobos.*[47]

Charaktereigenschaften der „Bobos" sind Toleranz, ein hoher Bildungsgrad, Kreativität und Offenheit. Oft sind „Bobos" überdurchschnittlich interessiert an den unterschiedlichsten Themen. Demografisch kann man sie nicht einteilen, sie zeichnen sich eher durch einen bestimmten Lebensstil aus. Ständig sind sie bemüht ihr Leben zu bereichern. Das hat auch zur Folge, dass Freizeit und Beruf nahtlos ineinander übergehen. Der Job von „Bobos" wird oft kreativ selbst mitgestaltet und Ausdruck der eigenen Selbstverwirklichung. Die Marketingforschung hält „Bobos" für einen wichtigen Teil der Gesellschaft, da sie ein spezielles Kaufverhalten und spezielle Anforderungen haben. „Bobos" können sich sehr gut über kreative Guerilla Marketing Aktionen identifizieren, da es zu ihrer eigenen Lebenseinstellung passt.[48]

---

[47] http://www.nytimes.com/books/first/b/brooks-bobos.html [30.04.2013]
[48] Vgl. Tomas Veres Ruzicka: Guerilla Marketing S. 97f.

5.   Hat Guerilla Marketing Erfolgspotenzial?

Die zwei ausgewählten Beispiele sollen nun darstellen, wie erfolgreich Guerilla Marketing in der Praxis angewendet werden kann. So kann ein Kleinunternehmen wie Sax Eis ein neues Produkt auf spektakuläre Weise und mit geringem finanziellen Aufwand vermarkten und eine politische Partei wie die „Grünen" den sonst so tristen Wahlkampf spannender gestalten.

5.1. SAX Eis Graz

Zum Unternehmen: Das Eisgeschäft SAX Eis existiert seit 1991 in Graz. SAX Eis hat neben der großen Eiskette Charly Temmel einen hohen Bekanntheitsgrad und steht für qualitativ hochwertiges Eis. Biomilch, selbstgemachte Saucen und frische Früchte werden für die Eisproduktion verwendet.

Marketing: In den letzten Jahren wurden neue Produkte wie Smoothies, vegane Sorten und Frozen Yoghurt in das Sortiment aufgenommen. Außerdem wurden drei weitere Filialen eröffnet. Im Zuge dessen wurden eine Facebookseite und eine Homepage für SAX Eis erstellt, um den Kunden auch im Netz zu erreichen.

Guerilla Marketing Aktion: Im Februar 2013 wagte das Unternehmen eine außergewöhnliche Werbekampagne am Bauernbundball in der Grazer Stadthalle. Zwei Mitarbeiter zogen als Bodypainting-Models die Blicke der Ballbesucher auf sich und verteilten, als Erdbeere und Banane bemalt, Gratisproben von Frozen Yoghurt (Abbildung 18).

Abb. 18: SAX Werbeaktion Graz – Eigene Aufnahme

Bodypainting eignet sich sehr gut für Unternehmen, die ein eher kleines Marketingbudget zur Verfügung haben. Die Bemalung der beiden Models kostete insgesamt 350 Euro. Da den Bauernbundball 16.000 Leute besuchten und sehr viele regionale und nationale Medien vor Orten waren, die auf die Models aufmerksam wurden, war dies eine gute Investition.

Die Geschäftsführerin Petra Großschädl von SAX Eis berichtet im folgenden Interview über ihre Erfahrungen mit Guerilla Marketing:

Wie entstand diese Idee?

Die Idee entstand bei einem Gespräch mit Freunden. Wir sprachen über den Bauernbundball und wie man dort als Unternehmen gut auftreten kann. Ein Freund erzählte von der Bodypaintingmesse Klagenfurt und was er dort für tolle Kunstobjekte gesehen hatte. Mit so einer Werbeaktion wollten wir dann am Ball Aufmerksamkeit erregen.

War es bis jetzt die einzige Aktion dieser Art für SAX Eis?

Ja SAX Eis versuchte so eine Guerilla Idee zum ersten Mal, aber es werden noch weitere Aktionen folgen. Unser Ziel ist es in den nächsten Jahren in Graz den Bekanntheitsgrad weiter zu steigern und unsere qualitativ hochwertigen Produkte auf moderne Weise zu bewerben. Daher stecken wir jetzt auch einige Zeit in unseren Onlineauftritt und in kreative Werbeaktionen.

Können Sie das Feedback der Ballbesucher im Allgemeinen beschreiben?

Das Feedback war überdurchschnittlich gut.   Die Damen waren skeptischer   , aber grundsätzlich waren die meisten Besucher begeistert.

Glauben Sie, dass der Bekanntheitsgrad von Frozen Yoghurt in Graz dadurch gestiegen ist oder andere positive Effekte für Sax Eis entstanden?

Ja doch. Ich glaube, dass jede gute Aktion Spuren hinterlässt und die Mundpropaganda am Bauernbundball schon dazu beigetragen hat Frozen Yoghurt bekannter zu machen.

Erfahrungsbericht: Da ich selbst Teil der Guerilla Marketing Aktion am Bauernbundball war, möchte ich meine Einschätzung zu dieser Marketingidee kurz erläutern. Ein Kleinunternehmen wie SAX Eis hätte sich mit einer klassischen Werbung, wie sie von anderen Unternehmen in der Stadthalle an diesem Abend eingesetzt wurde, nicht so stark von der Masse abgehoben, wie mit der Bodypainting-Aktion. Eine statische Werbung (etwa ein Stand mit Kostproben, Plakaten und Werbebannern) alleine hätte nie eine so rege Kommunikation mit den Ballbesuchern ermöglicht. Durch unsere Körperbemalung suchten enorm viele Leute das persönliche Gespräch und wir informierten sie über die Idee, das neue Produkt Frozen Yoghurt und unser Unternehmen. Da wir uns als „lebende Werbung" im ganzen Besucherareal frei bewegen konnten, war es möglich sehr flexibel zu reagieren und eine große Anzahl an Menschen zu erreichen. Ein Großereignis dieser Art bietet dafür natürlich die perfekten Rahmenbedingungen. Im Allgemeinen reagierten die Besucher sehr positiv auf uns, obwohl der schockierende Effekt natürlich gegeben war.

Einen Aspekt hätte ich persönlich allerdings zu kritisieren: Durch die auffallende Werbeform, konnte zwar überdurchschnittlich viel Aufmerksamkeit bei den Besuchern erzeugt werden, doch eine Verknüpfung mit der Marke SAX hätte besser umgesetzt werden müssen. Viele Besucher erfreuten sich zwar an unserer Bemalung und gaben uns positives Feedback, doch durch die kurze Aufmerksamkeitsspanne registrierten nicht alle die Verbindung zu SAX Eis. Eine bessere Einbindung des Logos hätte hier sicher positivere Effekte erzielen können.

5.2. Die Grünen

Um auf die angestrebte Gleichberechtigung Homosexueller aufmerksam zu machen, starteten die „Grünen" 2005 eine kreative Kampagne direkt vor der ÖVP Zentrale in Wien. Im folgenden Interview berichtet Marco Schreuder, Sprecher der „Grünen Andersrum", von der Guerilla Marketing Aktion.

Wie entstand die Idee von „Pink Sheep of the Family" und wofür steht sie?

Marco Schreuder: Im Rahmen des Wahlkampfs zur Wiener Gemeinderatswahl gab es einen Beschluss der „Grünen" das Thema „Gleichstellung von Homosexuellen" zu einem der Hauptthemen zu machen. Gleichzeitig war ich der einzige Kandidat auf allen wahlwerbenden Listen, der an wählbarer Stelle war und offen zu seiner Homosexualität stand.

Der Spruch „Pink Sheep of the Family" war zuerst als Idee für T-Shirts geboren worden. Mir kam dann die Idee, diesen Spruch auch buchstäblich zu inszenieren, vor allem als mediale Aktion. Dass vor allem in Metropolen wie Wien viele Homosexuelle leben, wollten wir mit dieser Aktion unterstreichen! Und mit dem Spruch konnten wir den zumeist konservativen Familienbegriff ein wenig umdeuten und auch für andere Liebes - und Lebensformen in Anspruch nehmen.

Gab es einen speziellen Grund eine so außergewöhnliche Werbeaktion durchzuführen?

Marco Schreuder: Sehr viele Wiener befürworteten damals (übrigens auch heute) die Gleichstellung, die Anerkennung von homosexuellen Familien sowie die Öffnung der Ehe für Homosexuelle. Wir wollten durch diese ungewöhnliche Aktion das Thema wieder in die Medien tragen.

War es für Sie die erste und einzige Aktion dieser Art oder folgten weitere?

Es folgte eine „We are family" Kampagne, die wir mittels Inseraten und Plakaten bewarben, sowie auf der Regenbogenparade 2005 zum Hauptthema machten. Die „Pink sheep of the family" T-Shirts wurden im so genannten „Grünzeugshop" verkauft und waren eine der erfolgreichsten Editionen bis heute.

Glauben Sie, dass kreative Wahlkampfkampagnen die Wähler stärker beeinflussen?

Beeinflussen ist ein schwieriges Wort. In der Politik gibt es im Wahlkampf andere Wörter: Mobilisieren bedeutet das Motivieren des eigenen Wählerpotentials. Demobilisieren bedeutet das demotivieren von Wählern anderer Parteien. Wir wussten, dass Grün-Wähler in einer überwältigenden Mehrheit von über 95% die Gleichstellung richtig findet. Wir wussten auch, dass viele urbane ÖVP-Wähler ihre eigene Partei diesbezüglich einfach nicht verstehen. Das Thema der Gleichstellung von Homosexuellen ist ein sehr symbolisches Thema, das für Grundwerte und Haltungen steht. Dies zeigte sich zum Beispiel auch gut im Obama-Wahlkampf.

Wie stark würden Sie die Wirkung dieser Kampagne im Vergleich zu einer klassischen, eher unspektakulären Kampagne einschätzen (Skala von 1 – 10) ?

Das lässt sich so schwer beantworten, da es ja verschiedene Zielgruppen gibt. In der Homosexuellen-Community war es sicherlich eine 10. Bei eher konservativ eingestellten Gesellschaftsgruppen liegt die Wirkung wohl deutlich darunter.

Können Sie einige Reaktionen der Passanten beschreiben? Wie fiel das Feedback für diese Aktion aus?

Marco Schreuder: Die meisten Passanten fanden es sehr lustig, Sorge wurde vor allem zum Thema Tierschutz geäußert, was wir aber entkräften konnten, weil uns ein niederösterreichischer Bio-Bauer unterstützte, die Schafe zur Verfügung stellte, und lange forschte welche Farbe für das Schaf verträglich ist. Zudem wurden die Schafe kurz danach ohnehin geschoren. Es war vor allem eine medial inszenierte Aktion vor der ÖVP-Zentrale. Zielgruppe der Aktion vor Ort waren also primär Fotografen, Kameras und Redaktionen. Da 2005 Social Media noch nicht so verbreitet war wie heute, war es eine auf klassische Medien konzentrierte Aktion. Heute würden YouTube, Facebook oder Twitter natürlich völlig neue Möglichkeiten eröffnen.

6. Mögliche Risiken und negative Folgen von Guerilla Marketing

Natürlich gibt es keine offiziellen Maßstäbe, nach denen man Guerilla Marketing Aktionen in gelungene und misslungene Aktionen einteilen kann. Dies würde auch bei traditionellen Werbeformen nicht funktionieren. Dennoch gibt es einige Prinzipien, die beachtet werden sollten, damit eine Idee nicht zum Scheitern verurteilt ist.

Undurchsichtiges Marketing verwenden:

Da viele Guerilla Marketing Aktionen von Querdenkern entwickelt werden, besteht ein erhöhtes Risiko, dass die breite Masse die Idee nicht nachvollziehen kann. Manchmal werden Insider verwendet, die nur eine bestimmte Zielgruppe zuordnen kann. Dies kann zweifellos einen positiven Effekt bei dieser Gruppe auslösen, da diese sehr persönlich erreicht wird. Wenn die Betreiber der Kampagne allerdings das Ziel verfolgen, die Masse zu erreichen, sollte eine klar nachvollziehbare Linie gewählt werden.

Tabus brechen:

Guerilla Marketing lebt unter anderem davon manche Regeln zu brechen und Denkweisen der Konsumenten zu verändern. Dennoch gelten auch für Guerilla Marketing Aktionen bestimmte Grundsätze, die nicht missachtet werden sollten. Die häufigste Ursache für gescheiterte Aktionen ist das Brechen von Tabus, deren Bestehen eigentlich in Stein gemeißelt sein sollte. So werden immer wieder Tiere als Aufmerksamkeitsmagnet verwendet, die nicht artgerecht behandelt werden.

Die in Abbildung 19 dargestellte Werbekation stammt von einem Olivenöl-Hersteller aus Italien. Dieser benutzte Obdachlose in deutschen Städten, um sein Produkt bekannt zu machen, indem er ihnen Werbeschilder um den Hals hängte.

Abb. 19: Zabbara Werbeaktion mit Obdachlosen

Abgesehen davon, dass diese Aktion gerade für ein Unternehmen, das Luxus-Olivenöl herstellt, als sehr unpassend und geschmacklos erscheint, kann an der Wirkung der Kampagne stark gezweifelt werden. Viele Passanten werden kaum einen Bezug zwischen dem Produkt und den adaptierten Werbeträgern herstellen, da dieser auch nicht gegeben ist. In diesem Fall wurde die Werbung als Störfaktor wahrgenommen, nicht zuletzt weil sie Ethik und Moral völlig ignorierte.[49]

Konsumenten täuschen:

Im Internet treten immer wieder gefälschte Werbespots auf, die nicht vom eigentlichen Unternehmen produziert wurden. Manchmal kann ein kritischer oder unterhaltsamer Spot durchaus einen positiven Effekt erzielen, wenn so beispielsweise auf Missstände des Unternehmens hingewiesen wird. Im Gegenzug dazu kann der gefälschte Spot aber auch dem eigentlichen Unternehmen helfen sich besser zu positionieren. Zu weit geht es allerdings, wenn das Unternehmen grundlos in ein schlechtes Licht gezogen wird. Ein weiteres Beispiel für die Täuschung der Konsumenten ist die Beeinflussung von Internetplattformen. Positive Bewertungen und Meinungen werden gezielt in Foren und auf Homepages platziert, um das Produkt in ein gutes Licht zu rücken. Erreicht der Schwindel allerdings die Öffentlichkeit, ist die Glaubwürdigkeit des Unternehmens wohl stark beeinträchtigt. Insgesamt kann also geschlussfolgert werden, dass Guerilla Marketing Aktionen nicht immer das Erfolgsrezept schlechthin sind. Gerade außergewöhnliche Kampagnen müssen sorgfältig geplant werden, da ein größeres Risiko zu scheitern besteht als bei der Verwendung einer klassischen, unspektakulären Werbung. [50]

---

[49] Vgl. Thomas Patalas: 2006. S. 172f.
[50] Vgl. Thomas Schulte: Guerilla Marketing für Unternehmertypen. S.119.

Gegen das Recht verstoßen:

Guerilla Marketing hat manchmal den Vorteil sich rechtlicher Grauzonen bedienen zu können, rechtliche Rahmenbedingungen gelten aber dennoch. Das Verändern anderer Werbungen zum eigenen Vorteil (siehe Abbildung 7) gilt beispielsweise laut dem „Gesetz gegen den unlauteren Wettbewerb" als unzulässig.[51]

---

[51] Vgl. Tomas Veres Ruzicka: Guerilla Marketing S. 81.

7. Zusammenfassung

Eine allumfassende Definition für Guerilla Marketing gibt es nicht. Das liegt vermutlich an den vielschichtigen Ausprägungsformen von Guerilla Marketing und auch daran, dass es sich um eine eher junge Marketingstrategie handelt. Die folgenden Eigenschaften werden allerdings immer wieder in Zusammenhang mit Guerilla Marketing gebracht und beschreiben am Besten den Grundgedanken dieser Marketingform: Unkonventionell, Originell, Kreativ, Kostengünstig, Effektiv, Ungewöhnlich, Untypisch, Spektakulär, Überraschend, Frech, Provokant, Flexibel, Witzig, Ansteckend.

Als Urvater des Guerilla Marketing gilt der Amerikaner Jay Conrad Levinson, der auch den Begriff prägte. Dieser leitet sich vom spanischen Wort „guerra" für Krieg ab und wurde schon von Che Guevara für Kriegstaktiken verwendet, bevor er für den Marketingbereich adaptiert wurde. Von den 1980er Jahren bis heute war Guerilla Marketing einem stetigen Wandel und einer Weiterentwicklung unterzogen.

Die unterschiedlichsten Marketingstrategien können unter dem Oberbegriff Guerilla Marketing funktionieren, so zum Beispiel Ambient Media, Buzz Marketing oder Virales Marketing. Die immer stärker werdende Konkurrenz ist der Grund für viele Unternehmen, alternative Zugänge zum Konsumenten zu finden, weshalb Guerilla Marketing in den vielfältigsten Ausprägungen immer öfter zum Einsatz kommt. Außerdem bietet Guerilla Marketing die Vorteile, dass ein kleines Werbebudget durch außergewöhnliche Ideen kompensiert werden kann, was zur Folge hat, dass vor allem kleine und mittelständische Unternehmen zu diesen Marketingformen greifen.

Obwohl das gleiche Ziel wie bei klassischer Werbung verfolgt wird, werden hier andere Strategien verwendet, um dieses Ziel zu erreichen. Sogenannte Guerilla Marketing Waffen kommen zum Einsatz. Die Effektivität der Aktionen wird durch die richtige Auswahl der Waffen erzeugt. Dazu ist es nötig das eigene Unternehmen genau zu kennen und Guerilla Marketing dann gezielt einzusetzen. Wer bereits Vorhandenes nicht kritisch in Frage stellt und nicht den Mut zur Veränderung hat, kann hingegen nur bei alten Marketingkonzepten bleiben.

Da wir uns in einer schnelllebigen Gesellschaft befinden, die (auch wirtschaftlich) große Umschwünge erfährt, verändert sich auch das Konsumentenverhalten. Der neue Konsument ist individualistisch, unabhängig und informiert. Eine Zielgruppe, die diese Eigenschaften widerspiegelt nennt sich „Bobos". Sie spricht besonders gut auf Guerilla Marketing Aktionen und das damit verbundene Gedankengut an. Das Erfolgspotenzial von Guerilla Marketing konnte anhand zweier Beispiele genauer untersucht werden. Das Unternehmen SAX Eis aus Graz und die „Grünen Wien" liefern Beispiele für Aktionen, die in Österreich stattfanden und eine positive Wirkung erzielten.

Schlussendlich müssen aber auch mögliche Risiken und negative Folgen von Guerilla Marketing herausgearbeitet werden, denn das bloße Einsetzen unkonventioneller Strategien ist noch kein Mittel zum Erfolg. Häufige Fehler sind undurchsichtige Marketingkampagnen und das Brechen von Tabus.

Zusammenfassend stellt diese Arbeit vor allem die Vielschichtigkeit von Guerilla Marketing dar und zeigt folglich auch unterschiedliche Funktionsweisen und deren Auswirkungen auf.

8. Literaturverzeichnis

8.1. Sekundärliteratur

FÖRSTER, Anja / KREUZ, Peter: Marketing-Trends. Innovative Konzepte für Ihren Markterfolg. 2., überarbeitete Auflage. Wiesbaden: Gabler 2006.

KOTLER, Philip / JAIN, Dipak C. / MAESINCEE, Suvit: Marketing der Zukunft. Mit „Sense and Response" zu mehr Wachstum und Gewinn. Frankfurt/Main: Campus 2002.

LEVINSON, Jay Conrad / GODIN, Seth: Das Guerilla Marketing Handbuch. Werbung und Verkauf von A bis Z. Frankfurt/Main: Campus 1996.

LEWIS, David / BRIDGER, Darren: Die neuen Konsumenten. Was sie kaufen – warum sie kaufen – wie man sie als Kunden gewinnt. Frankfurt/Main: Campus 2001.

PATALAS, Thomas: Guerilla Marketing. Ideen schlagen Budget. Berlin: Cornelsen 2006.

SCHARF, Andreas / SCHUBERT, Bernd / HEHN, Patrick: Marketing. Einführung in Theorie und Praxis. 5. überarbeitete und aktualisierte Auflage. Stuttgart: Schäffer-Poeschel 2012.

SCHULTE, Thorsten / PRADEL, Marcus: Guerilla Marketing für Unternehmertypen. Auf Abwegen zum Erfolg. 2., überarb. u. erw. Auflage. Sternenfels: Brauner Wissenschaft & Praxis 2006.

VERES RUZICKA, Tomas: Guerilla Marketing. unkonventionell überraschend effektiv. Wien: echomedia 2012.

8.2. Internetquellen

http://www.gmarketing.com/articles/4-what-is-guerrilla-marketing

http://www.duden.de/rechtschreibung/Guerilla_Kampf_Einheit_Truppe

http://www.time.com/time/specials/packages/article/0,28804,2086680_208
6683_2087674,00.html

http://www.guerilla-marketing-blog.de/info/guerilla-minilexikon.html

http://www.guerilla-marketing-portal.de/doks/pdf/GMP_Was-ist-
Guerilla-Marketing_03-2007.pdf

http://www.marketinglexikon.ch/terms/6

http://signword.wordpress.com/page/3/

http://www.marketinglexikon.ch/terms/963

http://www.marketinglexikon.ch/terms/847

http://community.seattletimes.nwsource.com/archive/?date=20000730&sl
ug=4034278

http://www.spiegel.de/sport/fussball/lockangebot-media-markt-wettet-
gegen-rudi-voeller-a-302252.html

http://wirtschaftslexikon.gabler.de/Definition/viral-marketing.html

http://www.marketingwerkstatt.com/etc/fach/guerillamarketing.html

http://wirtschaftsblatt.at/home/nachrichten/oesterreich/1272799/Naechste
r-EnergyVersuch-von-CocaCola-gegen-Red-Bull

http://www.nytimes.com/books/first/b/brooks-bobos.html

8.3. Abbildungsverzeichnis

Abb. 1: Merkmale von Guerilla Marekting. Eigene Darstellung

Abb 2. https://upload.wikimedia.org/wikipedia/commons/
8/8a/Restaurant-guerrilla-marketing0.jpg

Abb 3. https://de.wikipedia.org/wiki/Guerilla-
Marketing#/media/File:Wandmalerei_Badstr_53_(Gesbr)_
Gewachsen_auf_Beton_United_2013.jpg

Abb 4. http://cartman.tv/storage/interesno/id_27540_lang_de.html

Abb. 5 http://www.marketingfacts.nl/images/blog/Kit-Kat-bank.jpg

Abb. 6 https://upload.wikimedia.org/wikipedia/commons/thumb/b/
b0/Boltbeijing.jpg/1280px-Boltbeijing.jpg

Abb. 7: http://www.guerilla-marketing.com/weblog/guerilla-
kaugummiblasen-uberall-hubba-bubba/1417/guerilla-werbung

Abb. 8 http://www.mediamarkt.de

Abb. 9 http://guerilla-online.blogspot.co.at/2007/11/sensation-marketing-
by-lego.html

Abb. 10 http://adsoftheworld.com/sites/default/files/images/Baldy_0.jpg

Abb. 11 http://www.greenpeace.org/international/Global/international/
planet-2/image/2007/1/eiffeltower.jpg

Abb. 12 http://www.danstapub.com/200-exemples-brillants-et-creatifs-
de-street-marketing/

Abb. 13 http://img50.xooimage.com/files/3/3/5/
2156085477_2428ae9c4a_o-copy-252c9a9.jpg

Abb. 14: Guerilla Marketing Kategorien – Eigene Darstellung

Abb. 15: http://www.bauhaus.at

Abb. 16: Hauptprinzipien Guerilla Marketing - Eigene Darstellung

Abb. 17: Dimensionen nach Ruzicka – Eigene Darstellung

Abb. 18: Eigenes Aufnahme

Abb. 19: http://www.werbeblogger.de/2004/11/29/
guerilla_aktion_mit_schmierigem_beigesch/

www.ingramcontent.com/pod-product-compliance
Lightning Source LLC
Chambersburg PA
CBHW061448180526
45170CB00004B/1608